文史哲詩叢

喜菡著

骨子裡風騷

文史哲出版社印行

目錄一

骨子裡風騷 01

目錄一

目錄二

骨子裡風騷 03

風，詩經國風。騷，楚辭離騷。唐•高適•同崔員外綦毋拾遺九日宴京兆府李士曹詩：晚晴催翰墨，秋興引風騷。

因為風騷　所以寫詩

謹以此書

獻給　有緣讀詩的你

自剖

我是琉璃
身骨裡包納整個天地
最美麗的顏彩都給我
無盡提煉、無盡修繕
耗用畢生還給你如水透澈
當豔光四射懾人魂魄

【自剖】

選擇一次與你共振
完成自滅儀式

請捧住斷裂的我
化身萬象後，微笑安靜的
依舊是我

菱角

聞香？
伊人的濃笑淺吟
在南方的水綠翻飛。
船伕啊！
滿塘詩句，請載一船歸去
可以燒烤，可以水煮

【菱角】

我的文字，美成紅唇，與你相印。

寧願不化蛾

寧願不化蛾
化蛾只能撲火
蛾焚情焚，如何與君共守？

我用上半生
一囓囓啃蝕苦葉
活脫脫蛻皮四次
吐出情絲，結繭自囚

【寧願不化蛾】

但求下半生含笑殉死
任滾水紋身
一線線抽絲剝繭
五彩成衾被，伴君入夢

你用筆

你用筆
用詩人的筆
用詩人的筆深入
用詩人的筆深入我體內
用詩人的筆深入我體內寫詩
一只含笑的子宮
一首情詩的著床

【你用筆】
【美麗壞女人】

美麗壞女人

始終堅持愛情是一條海岸線
可以任性地彎曲轉變。

尤其當潮汐在敏感帶上下其手
她的氾濫成災
不知不覺成了習慣。

線之印象

天空是兩個一半，女孩撈起黑色學生裙，
這一半跳過那一半

有一條白線，劃開男孩女孩，
女孩瞪啊瞪著男孩傻傻的眼。

放學時，註定將河岸，
拉出兩條平行線。

【線之印象】

對於女孩，
男孩是不預備停下的射線。

最記得，燈下的母親，
用一球球的線，趕織著她的命運女孩的命運。

懂事後，也學會了，
線與線之間，隨時曲折的哲學。

眞的嗎？千里萬里後，
依然走不出自己的生命線？

被你握住

我是欲凋的木
竟禁也不住
一手掌的緊握
你以一座山的寬度收留
收留下我一身襤褸
以及嘆息以及蜷縮在骨幹裡的
好幾季心事

【被你握住】

於是，卸下纖纖的脈絡纖纖的皺折
以及每一年輪間纖纖的風

春天的我
一株新出的苗
在你掌中

方塊人生

當覺知生命不起眼若路旁被棄的紙箱
她企圖將靈魂抽離出一個個方塊
立體的、平面的、虛線勾出的

清晨，床是第一個方塊
總有氣流流經、氣溫殘餘
以及折也折不齊的愛恨情愁

【方塊人生】

拒收窗外潑進來的陽光
轉身向第二個方塊
未拆線的網路四四方方

一張椅、一茶几、一疊詩稿
生活就是正方的長方的堆疊
有些尚被情緒咬掉一角

習慣晨浴，水一定開得偌大
聽裸裎的水聲
在圓不起來的浴缸奔跑

她知道該出門了！

通過方方的門，爬入方方的車

幸好，風不是方的、雲不是方的

天是圓圓的！

【偉人】

偉人

該不該亮出名牌
立在大街中心
偉人猶豫著

左前方，政壇新人又跳又唱
擠得變形的廣場，崇拜的眼光燬燒
人潮是一座巍峨的山
山壓過偉人的影子，於是他蹲下

包括他的名、他的姓
然後，被擺攤的小販推開

右後方是黃澄澄的陽光
一名黸星兒售著胸脯，饑餓的眼光熳燒
人潮是另一座巍峨的山
山的血脈賁張，閂也不住
偉人踉蹌著摔一跤

撿拾起被踩傷的
他的彪炳功業
他仍然猶豫
站在大街中心

【偉人】

該不該亮出名牌

【人間】

爲母

是磨
馱著自己，一圈圈壓擠美貌
給嗷嗷待哺的歲月

是陀螺
家綁在腰間
使上力，拼了命轉成不歇的圓
害怕失了家，不知往何方傾斜

【爲母】

是鞋
不能沒有，有了也是當然
出門時方被想起
一步步被踩踏得面目全非

是靶
一顆紅透的心
張掛家中央
承接千箭萬箭的刺痛

有涯

I．少年

列車駛由夢境之初
于千頃波濤間狂奔
童年，一路追趕
一路格格大笑

II．中年

當生命不經意地晃動
鋪設的軌道總是壞朽
驛站的警語標示不清
於是，茫茫然找尋生活態度

III．老年

逐步縮短與寂寞的距離
記憶是離站時被檢驗的票根
繳回後，強撐住一口氣
嘗試潛入下一個夢境

【有涯】

給母親

來自臍帶另一端的體溫
鼓盪羊水裡的心音學習跳動

與妳脫離後
跌坐在妳瞬間衰老的掌紋
然後，禁絕妳的轉移
與我兩兩相對
五臟六腑被我勒緊

【給母親】

妳接續寸寸斷腸
爲我每一步履鋪路
直至漸行漸遠
超過臍帶的長度

依然提著心的妳
在我懶得張闔的眸子裡
點一盞燈

姓張的寡婦

廢墟中央，森冷底月光內
那長髮女子頸項低垂
雙手死命地向脚下的土地耙掘
然後，深深地深深地將自己埋了進去

月光外，
姓張的寡婦關上窗，專心地數算撒落滿地的黃豆

悲情舞台

第一張舞台倚著街肩站
喧騰的市囂，由她扯開的喉嚨
強行駛入與駛出。
她是趕場的街景，面對習慣免費的人羣

第二張舞台隱身於過熱的映像管
進進出出的是謾罵叫囂的所謂民意
熟諳音符的彩度與高度，卻

辨識不出政經人物詭譎多變的本尊或分身
於是，兢兢業業謹守一種本份後
終被驅趕出境。

何處尚有舞台可以收納？
傳聞夜市地攤的場地最大
雖然粗糙，雖然無法擋風阻雨
聽者絕對以一百元支付版權
一整年噤口也保證安康

或者，燒錄機也燒得出璀璨未來
一張張舞台在cd裡轉
她的音樂一傳十、十傳百、百傳千

【悲情舞台】

不 斷 不 斷

又或者，舉起五四舉起明天
舉起最後一張舞台
狠狠砸下吧！
將自己砸成烈士就能萬古流芳！

~~~~~為流浪的音樂人而作~~~~~
~~~~~

一夜情

請細細拉扯，用調情的眸子
我的嫵媚正一吋吋迎上
翻開我的髮
留下幾句軟軟的濕潤的詩
肩上有流動的風情
吻乾它！在你舌尖一顆顆的

【一夜情】

是我放肆的吟唱
夜去地匆忙，我不是長駐的星辰
只是一縷不經意的螢火
縹縹渺渺向遠方行去

挑情詩

一條河橫過一座山
硬將山切割成兩縷相思的幽魂
上半生，各自搖搖欲墜
河很深
河上有風有雲
河上沒有長趨入懷的橋

【挑情詩】

再用下半生對望嗎？
和衣跋涉好嗎？
今夜好嗎？

等一聲蟬嘶

等一聲蟬嘶
由心慌到心死
這一枝頭、那一枝頭
尋不著夏的咽喉

打開老樹的根盤
一句句知了知了——
十餘載的怨艾由地底翻出

【等一聲蟬嘶】

咬住嚼舌的風
收取一林子耳語
留待洗淨熱汗的夏日
與寂寞在涼夜下共用

只是
沙啞的他溺斃在初秋
再等一次來生
等他嗚咽著拖過長空

等一朵蓮花開放

穿戴好約會的心情
急於擁抱粉妝褪盡的她

她，尚在醒與未醒之間
不忍驚擾！不忍驚擾！
我的等待踟躕成池邊的風
拂過她微涼的臉龐

【等一朵蓮花開放】

該輕些！
昨夜的她，不安於我排山倒海的思念
掉落一池子眼波
尚有千萬顆碎裂的淚

遠遠地，以鏡頭纏緊她
含羞帶怯的睡姿，悄然攜回種下。

糖醋排骨

一排排帶肉的鄉音
是你攜來又擱在餐桌上的
似一簾子幽幽的母親的叫喚

本不欲剁開記憶
乍離母體的它漸次失血
加入泛紅的淚光
與黃昏外張掛的漁火交映

【糖醋排骨】

眼淚是酸的
遠不過南迴的山水
竟自在客居的門旁墜海
咬緊一塊塊轉涼的鄉愁
橫的豎的梗住喉頭

芝麻湯圓

愛是轉不停的磨
一圈圈加壓，我一滴滴流淚
明知淚水蒼白得沒有將來
我依然費力收集，
風乾了、捏扁了，等待
環抱你黑色的心腸

【芝麻湯圓】

孰料流浪的你戀著山水
不甘被錮於我小小圈套

包圍不住你
我的等待逐漸龜裂
在沸點中一絲絲化淚
一碗失魂的冬至捧在手心
你在哪裡？

終於

撥開萬丈紅塵
向你的今生節節靠攏

望你在滂沱的落霞之後
深深的深深的朦朧

是你顰住的眉心
鑄鎖前世的

【終於】

我，一縷怔忡不安的魂魄
於你額前
也遊、也戲
就不許你抬頭，不願
又一次捧出你輕淺的笑容

親愛的，你是詩

探索你，如一把舊鑰匙之於家
開門開燈坐下立起喝茶

黑暗之於我
是屏障，屏障於你之發現
發現我之圖謀——是冬雨過後
一條春雷之引線

【親愛的，你是詩】

先行躲藏再偷偷伸手
逐步摸熱你的脈絡、並埋下紅透的心
等待一枚枚文字之暴動

你自前世尋來

(是的，我曾清楚地感知，
你在體內，且放肆地縱橫來去；
不必想你，你已與我同起同落，
俯仰且涵泳我的一笑一顰。)

愛人！如此喚你
因著路長，因著夜短，更因著你凍僵的愛情
我要一吋吋喚醒——。

也是年少

一雙腳能踩碎幾座少年夢境？
一雙望不到飛鳥的眼，能望穿幾層雲靄？

成年人以腰部以下打造政治神話
被迫地、正襟危坐的我們
在課堂內接受壓扁的發酸的
偶而氾濫成災的五千年文化

於是尋求恁一種出路
免於沾染滿街竄流的口水

聽說有一種遊戲叫自殺
可以展翅由天外的天外
以最狂妄的姿勢，向人間俯衝。

或許，向廣場上的演說者
購買謊言與誓言混合的液體
灌入意氣風發的腸胃
即使斷氣了，也能強睜著眼。

又或許，哪裡也不去

【也是年少】

因爲母親與父親正死命地
爭奪我的未來。我拎著
殘缺的尊嚴倚在成長的路邊
等候另一座天堂。

故事

有一把鎖，被鎖上許多年
幾季霜雨後，終究也鏽蝕了

有一名男子，一身風霜
一串鑰匙搖地叮噹作響
橫過大街穿過長巷
一雙眼瞪得老大，看似迢遞著山水尋人來的——

【故事】

一把鎖等著被啟，一串鑰匙叮噹作響
一個人負重如山，一個人輕若流雲
男人行過女人的肩
女人問及男人的背

紙鳶

我是欲拒還迎的
你生命中或蜷曲或縱放的紙鳶

延著風向　延著你的指線邊緣
進入悠悠萬里的你的血脈中疾走

飄泊的是白雲蒼狗
不羈的是從前的我

【紙鳶】

這樣一個如今的我
甘願靜默！處子般
守候你一絲一縷心情的抽動

這是個長夜

這是個漫漫無邊際的長夜
往上看，再往上看
額頭仍有去年被貼的符咒

雲的淚腺發達
不停拭目，亦停不了
那夜被重重搖撼的委屈

【這是個長夜】

憂鬱越聚越濃
對天空猛拍發求救信號
天空自顧自阿諛金色耶誕

撿不到火柴取暖，今夜
有一桶餿水在寒涼中散放暖意
孩子，挖挖看
或許有半個明天可以打包

今天的我

仰望，於是有想飛的理由
飛至高高的天，高高的雲上
然後俯瞰，然後迴旋，然後輕輕盈盈飄落

當天也不雨地也不風的日子
我就是風雨，就是門廊下低語的燕
就是盛夏時睡倒的半塘荷影

【今天的我】

是輕煙是明月一縷
是清晨時掃過又飛起的塵粒
只是來去，這天地於我
若睜眼閉眼之輕易。

想起墾丁

春倒掛著，天高得難以仰望
欖仁樹燒了一樹火燄一地火燄
之後，落山風軟軟得落入幽邃
橫拖出數條珊瑚礁岩上鹹味的陽光
從容的形色容易發酵
發酵的是姑婆芋上頻頻敲響的梅雨
野蕫子高擎起一盞盞佳釀

【想起墾丁】

林子裡有氤氳的醉意流動
雞肉絲菇成堆成簇推擠
千千萬萬大葉榕樹的芽苞鼓起腮幫子
吹皺山間雲靄，吹斷朵頤一餐後
獼猴或仰或斜的午覺

開一扇迎賓門
赤腹鷹、灰面鵟是過境遊子
不被收納，只悠然似一朵雲之開謝

無意於握取，唯有輕車熟徑
滑過千頃靜默

一枝鵝鑾鼻景天，迎向風口

【就是喜歡】

就是喜歡

喜歡在你夢的外緣
打著縐摺的鼾聲裡，
塞入幾句溫軟的耳語．．．
或者擠進飄滿醇酒香的夢境
舔醒你的宿醉，然後跳出！
教你摔也摔不著我的壞

我與豎琴

素骨嶙峋
攞一方天地放我與你相愛

我含情幾許
用纖細與柔軟輕觸你易動的心腸

傾聽 你殘日東風的落寞
傾聽 你亂穹疏雨的澎湃

【我與豎琴】

與你此刻的照面
該有多少飛帆落盡
即使江花也謝 水煙也白
我與你相約來生
即使 有幸無幸 但只求
再一次輕撫 再一次划過你風情萬種的胸懷

與旗津有約

聽說——
進入女人的陰道，能聽到濤聲
沿著腿股邊緣，愛撫出筆直的海岸線
海水的情慾癲狂，潮汐不分。
總是到夜色臨高亢時
女人的臉龐，雲霞洶湧，飛上紅暈

【與旗津有約】

活絡出更多激素
摩天劈地，直搗她哀怨的卵巢
不須臆造浪漫，漁火就是挑逗
在水紋與水紋之間
參差駢出一場糾葛盤曲的歡愛
交疊錯落以後，濕了情人，忙壞了渡口

或者——
隨著眼波指引
我以舌尖探路，打開她夜的溫柔
期待再一次與旗津的繾綣

愛你

給妳的綿長情絲
揮一揮手就斷了？
妳一向是灼灼其華的一名佳人
偶而清輝乍隱的一瞬，於我若驚醒的夢魘
計數妳而今的墮落及其他
件件皆是刀剮。

【愛你】

擁抱妳縹緲的半縷幽魂
依然是如一的生之寄望

——給我深愛的台灣

縱火

我會的！我會的！
終有一天，以浴火的決心
縱入你的懷抱——

如今，日日捶打筋骨
褪下七彩外衣
打造你要的原型
那是一個釘一個洞啊！

【縱火】

怕只怕，風也不煽火也不旺
骨子裡滿滿的詩無力助燃
空空的殼，失去燃點
散成一朵朵冷冷的雪

酒疹

一杯愛情
種出一身相思豆

不信我相思多難受
你拼了命撩撥，我拼了命忍住吋吋愁腸被翻弄
非得要魂飛魄散你方罷休

到那時，你如何盛住

滴滴淚血流成河？

【酒疹】

記憶中一條長河

有一條長河，在記憶中
蜿蜒而過晨起梳理的妝臺

捧起一捧水
側耳傾聽來自長河底部的聲浪
是舊事的轟轟隆隆
是情人的綿密語絲

【記憶中一條長河】

是鄉音是離家百里後的夜籟
一條長河
一趟人生
在冷冷的長河邊上靜坐
看冷冷的人生蜿蜒而過晨起梳理的妝臺

只是一口茶香

一葉葉費心仔細
采擷自海拔三千的愛情
用巔巍霜露 濡髮
用極度高溫 蒸臉
再棄去性情中的枝梗
只爲能融你唾液與你生生息息永不絕離

【只是一口茶香】

一張張葉是詩　寫滿深情
我讀了又讀在滾滾沸騰裡
再迴轉一身芳香在你食道川流不息
偶而貼著壁親吻心跳偶而聆聽呼吸
如此舒展如此延伸如此迎你一動一靜
只要你尋我一顆繾綣的心意在午後的茶罐裡

但求
更多美麗　在喉舌深處憶起
我這名任性女子
是一口茶香　甘心給你

我在旭海

端坐在旭海肩背
纖細的指尖，向上伸長
輕觸天的印堂

赤紅的深情自腳底湧冒
我用力焚燒自己
成一塊崢嶸的礁岩

【我在旭海】

萬年不化，與天與地是一直線。

與水之間

仰臥於柔軟的張力之上
交媾以隨機的線條
與它重疊吧！活得沒有型態
————是幸福的

冷暖由歲月！（經久以來）
當忘了如何的如何的表情
水色就是表情

【與水之間】

於生命，相等於一座山的寬度與厚度
注入水質的清明
聽見嗎？
水聲涓涓起來！

好想寫情詩

情詩，該給愛上航行的他
情詩，該趁著日落了
偷偷放入電子信箱
並且夾帶一些故鄉的貝殼沙

情詩，該有我螺角一般悠長的呼喊
情詩，該有他巨雷一般的迴響
還有他臨別時吻上臉頰的輕佻

【好想寫情詩】

掏呀掏的，掏出斷了氣的海岸線
掏出零零散散的晚霞

眞的嗎？我的情詩
寄錯了信址，我以爲我
該寄向海洋——

回家

當你說——
最好天很清風很大
　白雲就可恣意作態
我——就可以搭上夢的末班車回家

我會告訴你哪一支炊煙裊裊
你也絮絮叨叨著
　曾走過哪一條隧道

【回家】

曾在哪一段愛情落腳

有些草原放牧著詩意
有些丘陵錯落著閒話
還有我倆併肩底坐下
　此刻的淚在眼中焚燒
　此刻的髮在風中抽搐
　此刻的我在夢中踟躕

因爲，夢是這般修長這般彎曲
我——回不到家

等待花季

定期將想念的心情
翻鬆，以繁殖更多的你
終於明瞭，下一個花季來前
除了勤奮，並無其它
於是，除蟲耘草灌溉
且試著，將你的吻記

一一栽下。
相信，會有幾片雲影降落
會有幾朵彩霞謳歌
這豐美的夏！

【等待花季】

偏要潛入

你的心如是蔚藍
雖有深溝以及懸崖
今夜你已不設防！我自來去
似一尾被寵壞的魚。
潛入歡愉後的餘波
洶湧澎湃的囈語
及笑容的顆顆粒粒

【偏要潛入】

噓！我必須避風
因爲，你的鼾聲烈烈
輕易翻起了我的臉紅心跳

繾綣之前

男人在三尺前方的天涯坐了許久了
男人與女人之間
除了花謝與花開，沒有其它！
當隔年的春天開始抽長
女人褪下一件件舊衣

【繾綣之前】

女人開始挪動胸脯中暗藏了幾季的花香。

繾綣之後

船隻翻騰於千層的浪濤後
閉上眼睡了！

沉重底船頭
就這麼擱在月芽上。

月芽輕移了移，引領船隻
緩慢駛進

——不願破曉的山坳。

破碎琉璃

以指撥開
眼眥中的情網
兩枚眼神是兩隻欲止又伸的
手，爭相捕撈
灑散於大氣中，最末一聲我的名
你應該吞下
如此絕對的、如此專屬於你的、

【破碎琉璃】

如此千年萬年后，亦無法被土壤分解的我的名
你不該一路揚長而去、一路棄丟於
灰灰莽莽中，讓它的魂魄支離成
野風，聚也聚不成半縷！

我一心一意
一顆顆拼貼、一塊塊補救
一次次死命地往唯一的前方推送
排山倒海的，必有一整個宇宙的回音
轉過身來，震！
碎！
我！

粉屑的遺體上
明明白白地
琉。璃。

月經

版築一只按月挑釁的卵巢
樂於成爲萬千箭矢爭逐的紅心

分泌撩撥情慾的女人香
不信你們不徹夜狂犬

除了冷冷一笑，就是揉碎
絕不許空巢養胖了回音

【月經】

晝妝

——洗臉

澈底卸下滯留一夜的風
清晨的我是全新的
等在路邊的樹

——打粉底

【畫妝】

愛恨情愁混亂地
往最失血的的枝枒撲打
墜落一地不該屬於的霜寒
白紛紛是淚！

——搽上水粉餅

沾點雲靄吧！遮住斑斑的情緒
水似的韶光嬌軟
無力鉤住過重的眼波。

——刷腮紅
化蝶的你的笑每每想起
紅的、橙的、流行的紫蘇
樹影間，於是有了初見時的神色。

——塗眼圈
猜測你已無心，偏將你埋入
深深的眼窩。免得旁人將我
悠長的眼神，窺個透徹。

【畫妝】

——點紅唇

最是風流處，是巧手一點後的春光。黯然不再新葉間一彎嬌嫩的月吐盡光華，向你！

哭簫

見江，見船
見著黑色的愁困
一波波橫切而來
泊在江中，受苦的人們很寂靜
爲了不得不寂靜不得不寂靜不得不
一些星一些雲

於岸上閒步
當選擇放聲與不放聲
本性憂鬱的簫
茫然起來

——哭我多難台灣——

【哭簫】

梁祝

莫怪我是紅顏
不是紅顏，如何成就姻緣？
這樣的姻緣，一滴滴一滴滴
用珠淚也用鮮血
詩書擺在案前，你自顧自
翻閱我每張笑臉

【梁祝】

十八里路，只是起點
走過橋走過路，走過愛的邊緣
以爲搆得著美夢的樓台
擋不了美夢的被撕裂
墳啊墳！埋在婚禮路邊
尙要哭出一雙蝶，才能緊緊跟隨？
蚤知如此，寧願不是紅顏！

寒窯

半支骸骨，幾絲血色
餵養以甕底的殘賸春天

窯中歲月是點也點不亮的黑
黑裡，她是一句失聲獨白

寂寞不該說，危弱的人掀不開重重窗帷

【寒窯】

至於，那蹄聲響徹青石道的過客
原諒吧！對於一盞堅決開向歸人的燈

台灣郎

輕微一觸，他的魂
即爆開一條長路
已然編號入庫的幸福
大批大批趕著流亡
以沙包以高牆
塞堵不住噩運的進佔
當潮汐在眉間打結

【台灣郎】

驚慌的魚隻游不出眼眶
淚又擒不住天堂

一羣人說
他該火速改變命運的形狀
以上懸的嘴角擎舉微塌的鼻樑
姓名八字交給專家重裝

低下頭，伸出曾經用力起家的手
他請求著，連掌紋也一同割剮

天賦之權

誰能削奪我們的天賦之權？
看門看家，外帶熱心參與你們
的辣苦酸甜

別說不檢點，我們或許
少了些你們說的
私德公德，我們只是慣於叼些屎
餵飽你們瑟縮在門內的渴求

【天賦之權】

至於你們的隱私權，啊！
我們習慣找支柱子，習慣張開腿
習慣將什麼什麼權撒在每一條馬路邊

你們用你們的法規，規定我們的天賦之權
包括我們發情時，該用何種聲量何種語言

搞不懂你們欲加的罪
好像是割地賠款等等
像及了十九世紀
你們被次殖民時的條約

輕鬆一下！那就訂個和平啊互補的什麼

反正，諒誰也削奪不了誰的天賦之權

閒情

向昨日行賄
求一場優雅的風
以拂起湖面的星光

咬斷憂鬱後
放任碎屑掉了一地
撿也不及

當歲月逐漸傾斜
將月色鎖入心房
圓與缺是天空的事

流浪

流浪的風
需求一棵樹的倚掛
流浪的雲
需求一座山的安頓
而，流浪的我
需求一只騰出的肩膀而已

【流浪】

美麗願景

知曉嗎？昨日
一波波狂濤，傾倒入窄窄胸膛
薄薄的我就這麼起了皺
是皺了！絕對地皺

晨起，立在窗邊等一線陽光
臉烘乾了又如何？
背面是憂鬱的，尚猛打著哆嗦

【美麗願景】

承載你如今的海洋，我該如何輕盈？
且讓歲月叼去半具骸骨
至共同的遙遠的天涯
先行打造一個岸。未來的夜裡
我是月光，你對著我笑

——為苦難台灣祈福

今夜，你是入幕之賓

你自似近還遠的海角探首
若投懷的鷗鳥撲翅
迎賓的我，點亮萬盞星燈
搜集成隊的海月光

想像你指尖的每一啟動
是一首首詩的揚起、一個個夢的溢出

【今夜，你是入幕之賓】

再也閃躲不過你鷹隼的嗅覺
嗅覺出一坑坑深深的寂寞
連最私密處軟軟柔柔的
由你吧！你是一場莽撞的西北雨
在我的久旱之後。

這樣的女子

有一名女子
是一把烈火
煜煜熾熾之後
是八方的光明
是己身的銷落
一切起承轉合

【這樣的女子】

只因一個火種

過敏性鼻炎

於是，將所有暴動份子
隔絕於鼻腔外頭
預備以膩死人的音質談說
那些風花雪月過的
一併收納於舌尖
學著柔軟點、低點
像個優雅的女人

【過敏性鼻炎】

那些曾經的屬於金屬的走動
剩餘一小截與喉頭接壞著
一碰撞，就軋軋作響

唇上是另一種等待
等待一櫺月色開啓
當然，將會以贓死人的音質談說

尋覓一條溪

努力活著是無了
尋覓一條溪，於浩大的人生
溪畔一定有青色的風
（過了秋，風會枯黃）
溪中一定有涓涓水聲
（試著踩過，拉住裙裾的是一整隊水花）

【尋覓一條溪】

偶而，喜歡躺平
溪是一只床，搖呀晃呀
水光在身上爬

翻個身，趴下罷！
看自己生，看自己死

看浮浮沉沉的沉沉浮浮

那夜，在山溪

溪繞過崖繞過壁繞過九彎十拐
山承接所有的擺盪癲狂

溪涓涓滴滴滲入山堅硬的骸骨
山張起雙臂強撐住天空

溪浩浩湯湯一洩千里
山緊緊吻住一句高音

【那夜，在山溪】

溪溫軟的鼻息仰向山
山安撫又安撫給一個胸懷

那夜，藏躲在雲身後
一線羞羞怯怯的月光

女人花

女人不是花？
當眼波窈窕當舞姿在陽光下透紅
採花的情人自然將胴體擁抱

唉！女人不是花．．
打底的粉條掩不去華年的起皺
胸懷中總是去夏掉落的花粉
梳順了容顏蒼白的鬢帶亦圓不了謊言

【女人花】

於是，以枯葉包裹剩餘的夕落
寄給遠去的他，就當他只是一瞬霞影。

女人是花！
當花瓣的顏色是自我調配的最亮
璀璨地璀璨地在危牆上飛

往南方去

左手拎起一長條夕陽餘暉
右手輕撫澎湃於胸腔的霞影

聒噪的城市閃開
過度冥頑的回憶閃開
我與我極度亢奮的詩興
直直指向大海心臟

【往南方去】

以海面爲紙
給我完整的秋意
今夜，我是霑星光寫詩的舟

所謂外遇

對於高牆內一枝紅杏而言
花開方式原是中規中矩的
與春天的間隔薄薄一片
當春色開始喧嘩
花的臉紅心跳也是必然
只是不懂

【所謂外遇】

臉紅心跳之後
她的驕傲瘦了自信輕了？

再一探首
竟是一生

即使一瞬

等待一處如是等待我的園圃
將今生所有的嫵媚交付
期望一次在他眸中的怒放

然後
尋覓一塊血濃的天空、一火夕陽
將自己凋謝成風景

【即使一瞬】

一點點淒楚
適合埋入深秋收藏

給兒子

放手欲飛的青鳥飛去
任他將她不捨的目光擊打出鮮血
一樹秋色於焉完整

霞，褪落自腮
霜，昇起由鬢
自以爲不慣於濕寒的

【給兒子】

直至凝固成厚厚的冰
依然忘了轉身

我如是仰望

趺坐於寂寞的僧侶
我仰望你
以古典與藝術的距離
不在乎魂斷似枯葉
與風與石同化
詩句佛理拌飯
再以一麥一麻與半杯白水

【我如是仰望】

給簡單深邃的孤獨
當你鑄熱火爲霜雪
該以何種量尺測度你的淒絕與冷寒？
終究，只能仰望你
走入一襲肅穆嶙峋的長衫

火化

最後一程路，該送送妳
妳的一生冰封住了，此刻
無論悲的歡的皆封住了
連嚥氣前的痛楚也是

燭光用不上了，代替的是一大把烈火
那是我不願的，相信我

【火化】

該給妳跑鞋或一雙翅膀
當烈燄著身時
可以逃可以飛

或者，熱騰騰的孝心
是妳生前殷殷企盼的
至少一路可以捧著

緩一點鬧門，緩一點鬧門
緩一點！緩一點！緩一點！

初見九份

將守夜的雲鬢撥開
對著晨起梳洗後的妳坐下
早該來的！妳說
小心翼翼走入妳結繭的眼波
讀妳要讀得莊重

輕輕撫觸妳
右頰上冶煉時燙傷的疤痕

【初見九份】

不由得貼近
吻去妳隱忍半世的寂寞
再親芳澤，是在下一個初冬
別後，記得保重！

放下

輕輕放下
一片山一片水
及一個我
見到如如實實一個新如來
淺淺地笑

【Y小姐的一個夜】

Y小姐的一個夜

她將自己懸掛在床第
一吋吋脫去匿藏許久因潮起霉的慾念
並重重地在上面鑿幾個洞
任憑風任憑毛躁的月光
爬進爬出，並塞入
且深深地種下一個甜蜜的高潮

牙痛

輕啜一口慵懶的午後
傾斜入喉的陽光
由牙齦根部向上發酸
連鬆軟的往事亦無力咀嚼
以強悍的姿態一路壓迫
即若不願，亦經不住塡塞後的腫脹
一切開始龜裂

【牙痛】

包含生命的色澤及其他
驕傲的骨質一只只疏鬆

撿拾一口口疼
向你行去，容我
借用一點點愛情止痛

抽水馬桶

全心全意
一步一步攀爬
至 與你相約的高度
貼近你，堅持一種不悔
濕著心情望你，望到
訣別的一刻

【抽水馬桶】

樂聲響起
是迴旋的迴旋
抓不住你，我開始下沉
舞姿一路肆放，向大江奔去

遊子吟

慣於流浪的雲，竟
坐孵了整夜的雨
蕭蕭瑟瑟、玲玲瓏瓏
廊下蜷縮的老貓
殷殷問詢踟躕不去的鄉愁
川流不止的人肉森林裡

【遊子吟】

我只是一株被撞傷的樹
等待殘血褪盡
一枚遠景自枝葉中怯怯昂首

而，養份來自故鄉
來自一池蛙鳴、半窗軟軟陽光
及母親床前的淺唱

你聽！日子抽起擂來

惘

晃盪在浪潮洶湧的城市中央
搆不著岸的雙眼
辨別不出希望的方向
一塊浮木正迫切需要
浸泡過久的所謂信念
嚴重浮腫且逐漸潰爛
眉睫間原有的山水
失去一絡絡紋路

【惘】

怒火燒傷了表情
流亡成爲最後等待？
放下身段吧！智者已翻出了牆
試著在聖明的神祇面前
將自己撚熄或者點燃！

賞夜

宛如彎月般行過，那女子
悄悄躡起足，唯恐驚破一池寧靜

遲了！遲了！
池子早已撐大了胸膛，並一分分收攏
女子被攬個滿懷

於是，這一夜

【賞夜】

恁誰也聽見了一波波底潮浪

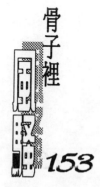

浮雕

是被塑的三度空間
在聽得見濤聲的花崗岩裡
我帶著海的韌性
甘願張弛於你掌心的玩弄

雙手勒住我硬度一致的呼吸
你的割剮冷峻決絕
我的一生終於確定

【浮離】

看吧！
由淺顰至深喜
所有哭笑皆是你

硬骨頭

一整個夜
男子以被磨亮的名諱
削切他的硬骨頭
一整個夜
噤著聲，不喊疼。

【午後急雨】

午後急雨

一陣急雨
千刀萬剮而來
割開了黃昏
割裂了水潭
也割傷了輕舟上女子的倒影

影子淌出血
女子逐漸清明了起來

天葬

本就是孑然一身
最多只是一支傲骨
如此的我
任你剁割、任你丟拋、任你飽饜一隻兀鷹
終究，塵是塵、土是土
屬於意識的歸於意識，不具意識的
仰首向天涯放歌！

城市辟支佛

給我一個道場
幾點飛花、幾片落葉
盈盈滿滿
翻騰於頭頂
鋪排於腳底
只是一次仰首一次彎腰
就有淺淺的笑意

國家圖書館出版品預行編目資料

骨子裡風騷 / 喜菡著. -- 初版. -- 臺北市：文史哲,民 90
面 ； 公分. -- (文史哲詩叢 ; 45)
ISBN 957-549-396-6 (平裝)

851.486 90019745

文史哲詩叢 ㊺

骨子裡風騷

著　者：喜　菡
出版者：文史哲出版社
登記證字號：行政院新聞局版臺業字五三三七號
發行人：彭正雄
發行所：文史哲出版社
印刷者：文史哲出版社
臺北市羅斯福路一段七十二巷四號
郵政劃撥帳號：一六一八〇一七五
電話886-2-23511028・傳真886-2-23965656

實價新臺幣二二〇元

中華民國九十年十一月初版

ISBN 957-549-396-6